AF248466

MOLIÈRE

EN PROVINCE

—

CONFÉRENCE FAITE A NIORT, LE 20 MARS 1869,

PAR

M. LÉON ROBERT

Ancien élève de l'École Normale supérieure,
professeur de rhétorique.

NIORT

L. CLOUZOT, LIBRAIRE-ÉDITEUR

22, Rue des Halles, 22

1869

MOLIÈRE EN PROVINCE

SAINT-MAIXENT, TYP. REVERSÉ.

MOLIÈRE

EN PROVINCE

—

CONFÉRENCE FAITE A NIORT, LE 20 MARS 1869,

PAR

M. LÉON ROBERT

Ancien élève de l'École Normale supérieure,
professeur de rhétorique.

NIORT

L. CLOUZOT, LIBRAIRE-ÉDITEUR

22, Rue des Halles, 22

1869

Mesdames, Messieurs,

Ces applaudissements accordés au souvenir de La Fontaine (1) me donnent, je l'avoue, bon espoir pour Molière. On ne saurait aimer l'un, sans concevoir pour l'autre une égale affection. Ce sont deux génies à jamais unis dans la gloire, çomme ils furent inséparables dans la vie. Le hasard de la naissance les avait rapprochés, puisque Molière naquit un an seulement après La Fontaine. Ils devinrent amis en même temps que célèbres. Dans ces fameux dîners qui les réunissaient chez Boileau, ils étaient toujours voisins de table. Ils se montraient tous deux également enclins à la rêverie, également sobres de paroles. Si Despréaux traitait l'un de bonhomme, il appelait l'autre le Contemplateur ; leur silence, leur air réfléchi formaient un contraste piquant avec la pétulance, l'entrain de Boileau et de Racine, du satirique et du tragique, dont les œuvres certes inspirent moins de gaîté que les fables et les comédies. Vous connaissez le mot de Molière sur La Fontaine. Le fabuliste exprimait avec autant de franchise son admiration pour son ami. Dès 1661, il écrivait à Maucroix en lui parlant de la comédie des Fâcheux, jouée dans une fête chez Fouquet :

> C'est un ouvrage de Molière.
> Cet écrivain par sa manière

(1) Conférence faite le 27 février, par M. Robert, sur *La bonhomie de La Fontaine.*

> Charme à présent toute la cour.
> De la façon que son nom court
> Il doit être par delà Rome ;
> J'en suis ravi, car c'est mon homme.

Quand Molière mourut, vingt-deux ans avant lui, il fut long-temps inconsolable et composa cette touchante épitaphe, dans laquelle il met avec tant de raison l'écrivain français au-dessus des plus grands poètes comiques de l'antiquité :

> Sous ce tombeau gisent Plaute et Térence,
> Et cependant le seul Molière y gît.
> Leurs trois talents ne formaient qu'un esprit
> Dont le bel art réjouissait la France.
> Ils sont partis et j'ai peu d'espérance
> De les revoir. Malgré tous nos efforts,
> Pour un long temps, selon toute apparence,
> Térence et Plaute et Molière sont morts.

La Fontaine était trop simple pour espérer partager l'immortalité de son ami. La tradition pourtant s'obstina comme l'histoire à ne pas les séparer. En 1792, une des sections de la commune de Paris, au lieu de prendre les noms de Brutus ou de Caton, s'appela section de Molière et de La Fontaine. Par son ordre, on exhuma des ossements pour réunir les deux amis dans un même monument. Mais déjà grondait la Terreur; on oubliait l'avenir, on oubliait le passé, il fallait songer au présent. Les restes présumés des deux poètes furent déposés dans le musée des monuments français. C'est seulement en 1817 qu'ils furent transportés en grande pompe au Père La Chaise. Là, ils reposent côte à côte, dans deux tombeaux voisins, devant lesquels vous voudrez vous arrêter, si le Père La Chaise n'est pas relégué à la campagne, si les deux poètes ne sont pas comme tant d'obscurs vivants, à leur tour, expro-priés. Cette opération seule pourrait les séparer, et leurs noms n'en resteraient pas moins unis. Les écrivains du siècle de Louis XIV sont presque toujours étudiés deux à deux; on ne lit guère Descartes sans Pascal, Corneille sans Racine, La Rochefoucauld sans La Bruyère, Bossuet sans Fénelon;

mais dans cet admirable concert de grands esprits, s'il en est deux qui nous apparaissent toujours ensemble, avec un sourire triste et doux, c'est La Fontaine et Molière. Vous voyez bien, Messieurs, que j'avais raison de les appeler des génies fraternels. Vous avez témoigné de la sympathie au fabuliste, eh bien, vous ne voudrez pas causer quelque chagrin à cette ombre, aimable et légère, en ne vous montrant pas indulgents pour qui vient aujourd'hui vous parler de son ami Molière.

Pour des auditeurs dont l'esprit est élevé et l'âme délicate, Molière est par-dessus tout digne de sympathie, parce qu'il fut toujours opprimé par les plus injustes malheurs. Bizarre caprice de la fortune ! Ce poète, dont la verve comique fait si franchement éclater le rire, ne prit guère pour lui que la tristesse et que les larmes. Ses œuvres étincellent de gaîté, sa vie ne fut qu'une longue douleur. Enfant, il a mille peines à obtenir d'être envoyé au collége ; jeune homme, on contrarie son irrésistible vocation. Il débute enfin, mais il faut vite partir en province, subir tous les ennuis, risquer toutes les aventures. Il se marie avec une actrice, âgée d'environ vingt ans moins que lui, Armande Béjart, dont la grâce et la vivacité l'avaient dès longtemps séduit. Messieurs, ce n'est pas en souriant qu'il faut parler du ménage de Molière. Toute sa vie il aima, de l'affection la plus invincible, une femme incapable de le comprendre, épouse indigne, qui sans trêve ni merci fit souffrir cet homme excellent, et dans ses mains frivoles tortura ce grand cœur. Le théâtre au moins le consolait-il ? Ses succès étaient expiés par de cruels chagrins. Tartuffe déchaîna contre lui les plus redoutables des ennemis, les hypocrites « qui ne pardon- « nent jamais et gardent tout doucement une haine irréconci- « liable.» Le Misanthrope faillit lui coûter l'amitié du duc de Montausier, qui avait cru se reconnaître dans Alceste. Le Malade Imaginaire lui coûta la vie. Depuis quatre jours, il était plus souffrant, on lui disait de n'aller point à la représentation. « Si « je ne joue pas, répondit-il, la salle sera vide et que devien- « dront tous les pauvres gagistes qui vivent avec nous du thé- « âtre ?» Sur la scène, une toux violente le saisit, un vaisseau se rompt, on le transporte chez lui, il demande un prêtre ; on

n'en trouva pas un qui consentît à venir. Il expire entre les
bras de deux sœurs de charité, saintes filles auxquelles il accor-
dait tous les ans quelques jours d'hospitalité. L'archevêque de
Paris, Harlay de Champvalon refuse l'autorisation de l'enterrer.
Sa femme, ce fut la seule bonne action de sa vie, sa femme
court au Louvre : « Vous lui refusez un tombeau, s'écrie-t-elle, la
Grèce lui eût élevé des autels ! » Louis XIV fait enfin secrète-
ment lever la défense. Mais le peuple s'ameute, excité par qui ?
je n'en sais rien ; Paul-Louis Courier nous l'aurait dit peut-être.
Le convoi fut insulté malgré la foule d'amis illustres qui le formaient. Et ce ne fut pas tout, cette tombe, obtenue par prière,
s'était à peine refermée que Bossuet laissait tomber sur le
pauvre comédien ces foudroyantes paroles :

La postérité saura peut-être la fin de ce poète comédien qui, en
jouant son Malade Imaginaire, reçut la dernière atteinte de la maladie
dont il mourut peu d'heures après et passa des plaisanteries du théâtre,
parmi lesquelles il rendit presque le dernier soupir, au tribunal de
celui qui dit : « Malheur à vous qui riez, car vous pleurerez ! (1) »

Est-il bien généreux de proférer de semblables menaces ?
Disons-le hardiment, ces paroles ne font pas honneur à Bossuet. Elles nous rappellent qu'il sollicita la révocation de l'édit
de Nantes, qu'il persécuta Fénelon, qu'il montra trop souvent
cette intolérance implacable que toute son éloquence ne réus-
sira jamais à justifier. Le triomphant anathème jeté sur la
tombe de Molière s'y brisa inoffensif ; le grand poète était à
l'abri des douleurs, il appartenait désormais à la postérité qui
lui donnera toujours son admiration, et ce qui, à mon sens, est
nécessaire à la vraie gloire, son estime et son affection.

Je voudrais arrêter votre attention sur les débuts de cette
existence que je ne pouvais manquer d'esquisser d'abord à
grands traits. Mais pour bien comprendre l'originalité de
Molière, l'énergie qu'il déploya, les progrès qu'il accomplit,
il faut le replacer dans son temps et dans son milieu. Nous
avons donc à nous demander quelle était, lorsqu'il débuta,
la situation du théâtre à Paris et en province ; puis nous le

(1) *Maximes et réflexions sur la comédie.*

suivrons dans ses courses à travers la France, enfin revenus avec lui à Paris, nous verrons quels types de provinciaux il avait rapportés de ses voyages pour les produire plus tard sur la scène. Le sujet est assez vaste sans entrer dans l'étude infinie des chefs-d'œuvre de Molière. Nous vivons d'ailleurs à une époque de curiosité ; on s'obstine à ne pas oublier les origines, on se plaît à les scruter. On s'y plaît surtout lorsqu'elles éclairent l'avenir et, comme il arrive pour Molière, aident à mieux connaître et l'homme et ses œuvres.

J.-B. Poquelin naquit le 15 janvier 1622, à Paris, non loin des Halles, dans une maison de la rue Saint-Honoré. Son père, J. Poquelin était tapissier, sa mère, Marie Cressé, était fille de tapissier, et la famille espérait bien que cet enfant, au lieu de devenir Molière, serait à son tour le tapissier Poquelin. Il montrait peu de goût pour l'état et pleurait quand il lui fallait prendre le tablier et le marteau. Sa mère était morte en 1632, quand il avait dix ans ; il n'avait plus de soutien à la maison. N'avez-vous pas remarqué que beaucoup de grands artistes ont eu dans leur enfance à lutter contre la volonté paternelle ? Le père connaît la vie et ses déceptions, il a toujours sous les yeux l'aspect brutal de la réalité ; il veut que l'avenir de son fils soit solide avant de désirer qu'il soit brillant. La mère est plus docile à l'illusion ; elle comprend mieux les vagues ambitions de son fils ; d'ailleurs elle ne doute pas de son talent, si elle l'osait elle dirait de son génie, et, par je ne sais quelle secrète divination, sa tendresse lui dit qu'un jour son fils s'élèvera au-dessus des autres hommes. Mais Molière n'avait plus sa mère ; le secours lui vint d'ailleurs : ce fut son grand-père qui plaida pour lui. Le grand-père n'est-il pas souvent un complice pour l'enfant ? Combien d'entre nous ont trouvé dans l'aïeul une affection maternelle ! Le tapissier Jean Poquelin se laissa vaincre et son fils fut envoyé au collége de Clermont, chez les Jésuites. S'il reçut des corrections manuelles il les garda pour lui sans intenter de procès. Mon profond dévouement à l'Université ne m'empêchera d'ailleurs jamais de reconnaître que les jésuites ont eu deux très-bons élèves dont ils se seraient bien souvent glorifiés, n'était l'humilité chrétienne : l'un est Molière, l'auteur de Tartuffe, et l'autre Voltaire, l'auteur du Dictionnaire Philosophique.

Dans ce collége, devenu le lycée Louis-le-Grand, Molière eut des camarades qui furent plus tard ses amis fidèles : Hesnaut, le précepteur de Mme Deshoulières ; le voyageur Bernier ; l'épicurien Chapelle ; le prince de Conti. Il étonnait ses maîtres, et son père, flatté, consentit à lui laisser continuer ses études sous la direction de Gassendi, l'adversaire du spiritualiste Descartes. C'est alors que Molière entreprit une traduction de Lucrèce, le poète trois fois sacré pour Gassendi. Cet ouvrage est malheureusement perdu, il n'en reste qu'un fragment introduit plus tard dans le Misanthrope. Il est dans toutes les mémoires, je le lirai cependant pour montrer que dès le collége, Molière avait rencontré le vrai style comique.

> ..... L'on voit les amants vanter toujours leur choix.
> Jamais leur passion n'y voit rien de blâmable,
> Et dans l'objet aimé tout leur devient aimable.
> Ils comptent les défauts pour des perfections
> Et savent y donner de favorables noms.
> La pâle est aux jasmins en blancheur comparable,
> La noire à faire peur, une brune adorable ;
> La maigre a de la taille et de la liberté,
> La grasse est dans son port pleine de majesté ;
> La malpropre, sur soi de peu d'attraits chargée,
> Est mise sous le nom de beauté négligée ;
> La géante paraît une déesse aux yeux,
> La naine, un abrégé des merveilles des cieux,
> L'orgueilleuse a le cœur digne d'une couronne,
> La fourbe a de l'esprit, la sotte est toute bonne.
> La trop grande parleuse est d'agréable humeur
> Et la muette garde une honnête pudeur.
>
> (*Le Misanthrope*, acte ii, scène v.)

Molière ne faisait là que s'essayer. Il songeait déjà à travailler pour la scène. Son grand-père qui ne l'abandonnait pas, le menait souvent au théâtre.

Quelles pièces y voyait-il ? Nous sommes obligés de faire ici un rapide retour sur l'histoire de la comédie. Le théâtre, si sévèrement condamné par Bossuet, mériterait pourtant quelque indulgence puisqu'il a toujours commencé par traiter des sujets religieux. La tragédie et la comédie antiques sortirent des fêtes de Bacchus. En France, les premiers spectacles furent la représentation des Mystères de la Religion. En 1398, une société d'artisans prit le nom de *Confrères de la Passion*, et joua dans Paris des scènes empruntées à l'Evangile. Victor Hugo, au début de son beau roman, *Notre-Dame de Paris,* nous transporte au milieu d'une de ces représentations. Dans la grande salle du Palais de Justice s'élève un grossier théâtre, divisé en trois étages : au premier, le paradis tout doré ; au rez-de-chaussée, la terre toute verte ; dans le sous-sol, l'enfer tout noir. Les acteurs avaient revêtu de bizarres costumes ; Rabelais nous dit que François Villon louait les habits du chantre de Notre-Dame pour jouer le personnage de Dieu le Père. Au dernier acte, une trappe s'ouvrait, précipitant les méchants dans l'abîme, tandis qu'une poulie hissait les justes dans les splendeurs du premier étage.

Déjà pourtant le profane se mêlait au sacré. A côté des Confrères de la Passion, se forma la société des *Clercs de la Basoche* qui jouaient des farces où se gaudissait l'esprit gaulois. La meilleure nous est restée, c'est la farce de l'*Avocat Pathelin.* Enfin, la bande des *Enfants Sans-Souci* jouait des sotties ou moralités : là tout devient allégorique.

On y voit Gros-Banquet inviter à dîner de joyeux compères : Mange-Tout, la Soif, Sans-Eau. Ils sont assaillis par de redoutables ennemis : la Colique, la Goutte, la Jaunisse. Gros-Banquet est traduit par Sobriété devant un tribunal : l'Expérience le condamne et la Diète l'exécute.

Au XVIᵉ siècle, les Confrères de la Passion, les Clercs de la Basoche, les Enfants Sans-Souci disparaissent dans le grand mouvement de la Renaissance. On imite l'antiquité ; la tragédie apparaît et la comédie est délaissée. Pourtant Molière pouvait applaudir, non sans restriction, aux pièces de Jodelet, de Larrivey et concevoir l'idée des comédies de mœurs en voyant jouer, en 1637, un an après le *Cid,* la première bonne comédie française, *les Visionnaires,* de Des Marets. Il se plaisait, dit-on, beaucoup plus à la Tragédie. Il reconnaissait avec toute la France que Corneille l'avait créée : il rêva dès-lors qu'il pourrait peut-être à son tour donner à la Comédie la force qui fait vivre, la perfection qui fait durer. Il annonça son intention de tout quitter pour le théâtre. Grandes réclamations du tapissier. Molière était déjà nommé valet de chambre de Louis XIII, et en cette qualité avait suivi le roi à Narbonne. Puis il avait fait son droit à Orléans. Quand il revint, sa résolution était inébranlable : plaintes, menaces et prières, tout fut inutile, il voulait travailler pour le théâtre. Il jeta donc les yeux autour de lui.

A Paris, le croirait-on? il n'y avait alors que deux théâtres : le principal à l'hôtel de Bourgogne, l'autre au Marais. La même troupe jouait successivement sur les deux scènes, et représentait surtout les tragédies de Corneille et de Rotrou. On ne cite pas encore de tragédiennes. En 1634, pour la première fois, une femme parut sur un théâtre français; elle s'appelait Marie Vernier. Mais quelques comédiens avaient acquis un certain renom : *Bellerose*, qui créa les rôles de Cinna et du Menteur; Mme de Montbazon ne pouvait souffrir La Rochefoucauld parce que le moraliste ressemblait trop à Bellerose; *Montfleury* père, qui faisait les rôles de roi; Cyrano de Bergerac disait de lui : « à cause que ce coquin-là est si gros qu'on ne peut le bâtonner tout entier en un jour il fait le fier. » Vous voyez qu'il pouvait remplir un trône de la belle manière. Molière les accusait de manquer tous de naturel, et dans l'*Impromptu de Versailles* fit rire toute la cour en les imitant. Il aimait mieux les acteurs comiques qui jouaient le plus souvent sur les tréteaux du Pont-Neuf. L'un s'appelait Arlequin. Il était grand ami du président du Harlay, et les mauvaises langues parisiennes prétendaient que le président était bien meilleur comédien qu'Arlequin. D'autres avaient formé une société d'inséparables : c'étaient Gros-Guillaume, Gautier-Garguille et Turlupin. Tout Paris allait voir leurs farces. Gros-Guillaume imita si bien un magistrat qu'il fut mis en prison, et mourut de peur d'être pendu : Gautier-Garguille et Turlupin prirent le deuil, cessèrent de rire et moururent de chagrin dans la même semaine. Mais le favori de Molière fut le célèbre

Scaramouche qui gagna la faveur du grand roi par l'habileté avec laquelle il se donnait des soufflets avec le pied. Il avait d'autres mérites : des gestes imprévus, une verve intarissable. Molière, dit-on, lui demanda des leçons.

Cependant il ne consentit à entrer ni parmi les tragédiens, ni parmi les farceurs. Il prétendait déjà laisser une libre allure à son génie. Sous les auspices du prince de Conti il fonda, dans le quartier de la Croix-Rouge, un théâtre qu'il appela modestement l'Illustre Théâtre et dont la destinée n'eut rien d'illustre. Il n'en resterait aucun souvenir si Molière n'avait dès-lors réuni quelques-uns de ceux qui restèrent jusqu'à la fin ses camarades. En 1645, sa famille le contraignit à quitter son nom. Pourtant le roi avait dès 1641 défendu par ordonnance que l'état d'acteur pût être désormais imputé à blâme. Le préjugé malgré tout subsistait et les tapissiers n'entendirent pas raillerie : J.-B. Poquelin devint Molière tout court, mais les Poquelin eurent beau faire, ils ne surent empêcher que leur nom ne devînt célèbre. Ils avaient pu d'abord croire que ce danger n'était pas à craindre, l'Illustre Théâtre n'était guère connu que des bonnes gens du quartier. La Régence d'Anne d'Autriche favorisant peu les comédies jouées hors de la cour, Molière était déjà réduit aux expédients. Il résolut de partir en province.

La vie qui l'attendait n'avait hélas ! rien de séduisant. Se figure-t-on bien quelle pouvait être alors l'existence des comédiens en province ? Scarron, en son *Roman Comique,* nous fait connaître cet ordre vagabond des acteurs de campagne. Son livre s'ouvre par l'arrivée d'une troupe nouvelle en la ville du Mans. D'où viennent-ils ? D'Alençon, dont je ne sais quelle aventure les a si subitement chassés qu'ils portent encore leurs costumes tragiques. Comment se sont-ils réunis ? Par hasard, venant de ci, de là, se rencontrant à l'auberge, au cabaret. Ont-ils des familles ? Ils déguisent leurs noms. L'un s'appelle le Destin et l'autre la Rancune ; une femme est surnommée la Caverne et sa compagne l'Étoile. « On a toujours un père » dit Bridoison ; la Rancune atteste que s'il en eut un, il l'a fort peu connu. La troupe s'arrête à la première enseigne hospita-

lière, et aussitôt la bonne ville est en rumeur. On fête les arri-
vants. Autour des comédiens s'assemblent les beaux esprits du
pays, un plaisant d'estaminet, un politique de carrefour, des
artisans, auteurs de tragédies où la poésie fait moins encore
défaut que l'orthographe, enfin le terrible Ragotin,

> De ses vers fatigants, lecteur infatigable,

et toujours prêt à épuiser toutes les discussions. Philosophie,
politique, beaux-arts surtout, il se joue de toutes les questions
avec la même imperturbable nullité. Il s'approche et vous salue :
prenez garde, il va vous lire son dernier opuscule ! — Vous
souriez, Mesdames ? Chaque ville de province aurait-elle encore
son Ragotin ? — Autour des comédiennes parade la jeunesse
élégante : on fait voir ses habits à la mode, on récite des sonnets,
on se travaille pour montrer un peu d'esprit, et les plus intré-
pides, dit Scarron, sont les petits gracieuseux, tout fraîchement
échappés du collége.

Tous se récrient qu'il faudrait ce soir même applaudir au
talent des illustres comédiens. La ville n'a point de théâtre.
Qu'à cela ne tienne ! On jouera dans la grande salle de l'auberge. On n'a point de costumes. Qu'importe ! On emprunte
sans permission les habits de deux joueurs acharnés. Dès qu'ils
s'aperçoivent du larcin, ils se précipitent dans le théâtre im-
provisé et une grêle de coups de poings termine brusquement
la représentation. Le lendemain, un bourgeois mande la
troupe chez lui : il marie sa fille et veut régaler ses amis d'un
spectacle. Deux jours après, c'est un hobereau, M. de La Ba-
guedaunière qui les fait venir en son village.

Un carrosse prend en passant une partie de la troupe ; jugez
si l'on y devait tenir à l'aise.

La compagnie du carrosse était composée d'un nouveau marié du
Mans et de la nouvelle mariée ; de Mme sa mère, d'un gentilhomme
de la province, d'un avocat du conseil et de M. de La Garoussière.
Ajoutez une servante et vous trouverez que le carrosse qui les portait
était bien plein, outre que Mme Bouvillon, la mère du marié, était une

des plus grosses femmes de France, quoique des plus courtes, et portait
d'ordinaire sur elle, bon an, mal an, trente quintaux de chair (1).

Vous ne serez point étonnés si l'essieu se brise au premier
village. Voilà nos gens arrêtés pour quinze jours. Vite, ils
jouent dans une grange. Mais des décors, allez-vous dire?
En est-il besoin quand on a de l'imagination? Un oranger, ap-
porté sur la scène, représentait une sombre forêt, et deux figu-
rants, une immense armée. Vous souvenez-vous des comédiens de
Shakespeare? Pyrame et Thisbé ne peuvent se faire des confi-
dences qu'à travers un mur lézardé. Mais comment construire
ce mur sur la scène? rien n'est plus simple. Un acteur arrive, et
dit : « Je suis le mur, » — puis il réunit ses deux mains en les
entr'ouvrant et les deux personnages, aveuglés par l'amour,
confient leurs secrets à cette ouverture improvisée. L'art de la
décoration était presque aussi naïf vers le temps où débuta
Molière. Les pauvres comédiens jouaient donc aussi bien au
village qu'à la ville, mais partout attrapaient plus de coups que
d'argent; ils allaient cependant, ils allaient sans cesse devant
eux, et le jour, «quand Phœbus court plus vite qu'il ne le
« voudrait, et la nuit, quand le soleil ne donne à la lune, sa
« sœur, que juste assez de lumière pour se diriger dans les
« ténèbres. »
En vérité, c'était là l'existence que choisissait Molière. J'in-
siste, afin qu'on n'aille jamais comparer sa situation à celle de nos
auteurs ou de nos acteurs en renom. Aujourd'hui le théâtre est
pour beaucoup de gens une source de richesses : il ne ruine que
les directeurs. Dès 1840, Henri Heine observait que les auteurs
dramatiques sont de tous les écrivains ceux qui font le plus fa-
cilement fortune. Le Cid, Horace, Cinna, Polyeucte rapportèrent
à Corneille chacun environ 600 livres. Molière vécut et mourut
pauvre. Tel de nos écrivains roule en carrosse au bois de Bou-
logne, possède hôtel à Paris et maison à la campagne, pour
avoir su faire danser, sur la scène, quelques pantins sans pudeur.
Où peut s'arrêter l'ambition d'une comédienne, quand elle est

(1) *Roman comique*, t. II. ch. 8.

spirituelle et jolie ? M. Jourdain voulait à tout prix que sa fille fût comtesse ou marquise. S'il vivait aujourd'hui, il devrait commencer par l'engager à l'Opéra. Nos acteurs sont de grands personnages. Alcibiade faisait couper la queue de son chien pour occuper Athènes : un ténor coupe hier ses moustaches et voilà Paris en émoi ! Savez-vous que plus d'un comédien est gros propriétaire, se livre à la spéculation, achète des terrains ! On en cite qui ont assez de superflu, pour engager des fonds dans les chemins de fer espagnols ou devenir actionnaires du Crédit mobilier ! Que Molière était loin de ces dilapidations ! La vie qu'il embrassait, c'était au début surtout, la misère avec tous ses déboires et toutes ses amertumes. Me permettrez-vous une expression mise à la mode par un roman justement célèbre, le Roman Comique de nos jours, c'était la vie de Bohême et ses hasards. Il faut des trésors d'esprit pour la rendre gaie, des trésors de sentiment pour la rendre poétique, et elle reste après tout si triste que lorsqu'on vient d'en rire on en devrait pleurer.

Molière partit pourtant et bravement ses camarades le suivirent. La Thorillière, qui fut le régisseur de la troupe et écrivit quelques mémoires, ne fut que plus tard lié avec Molière. Lui-même n'a laissé aucune note personnelle sur sa vie, mais des études attentives ont permis de retrouver sa trace dans les diverses villes de province où il s'est arrêté.

Ses voyages durèrent de 1646 à 1658. Il revint quelquefois à Paris dans l'intervalle, mais on peut dire qu'il fut douze ans sans réussir à s'y installer. Il parcourut surtout le Midi de la France. Le sud de la Loire a toujours été le pays de la poésie et de l'imagination.

Nous le trouvons d'abord à Bordeaux. Le duc d'Epernon, alors gouverneur de la Guyenne, vit avec plaisir arriver les comédiens et les distractions qu'ils apportaient. Ils ouvrirent un théâtre et Molière y fit représenter une tragédie qu'il venait de composer. Il était en même temps, directeur, acteur et auteur. Chaque troupe avait alors avec elle son *poète* chargé d'écrire de petits rôles que les acteurs développaient ensuite à leur gré. Pour trouver dans notre siècle une situation un peu analogue, il faudrait aller en Italie. Stendhal nous apprend que Rossini s'engageait ainsi pour six semaines ou deux mois dans une troupe de chanteurs. Il était non le poète, mais le *maëstro ;* il écrivait de la musique au pied levé ; le temps de faire un macaroni et il avait composé un chef-d'œuvre. Molière ne fut jamais aussi heureux. Sa première tragédie était si mauvaise qu'il la jeta au feu ; elle s'appelait la Thébaïde. Le sujet pourtant lui paraissait digne d'être traité par un poète ; quand Racine, timide et obscur, vint plus tard lui demander conseil, il l'engagea à traiter la Thébaïde, et Racine ne fit lui aussi qu'une méchante pièce. Dès 1650, Molière avait été rappelé à Paris par le prince de Conti ; il quitta Bordeaux sans regret. Vain espoir ! en 1653 il était retourné en province et faisait représenter à Lyon, *l'Étourdi,* C'est sa première comédie en cinq actes. Le vers facile, alerte, n'a pas encore de correction, ni de force. Le sujet est très-simple, et l'intrigue très-compliquée. On y trouve ces personnages venus d'Italie et qui furent pendant si longtemps bien accueillis à la scène française. Un jeune homme, Lélie, veut épouser une jeune fille nommée Hippolyte ; un vieillard jaloux suscite des obstacles, mais il a contre lui le diable incarné en la personne du valet Mascarille. Saluons, Messieurs, ce valet de comédie qui, pendant des siècles, divertit nos bons aïeux ! C'est un gaillard agile et déluré, qu'on ne prend jamais sans vert. Jambes d'acier, dos à rompre tous les bâtons, physionomie mobile et perfide comme l'onde, voilà l'homme. Plus effronté qu'un page, plus poltron qu'un Chinois, plus menteur qu'un Gascon, plus retors qu'un usurier... au demeurant le meilleur fils du monde. Qu'il s'appelle Mascarille ou Jodelet, Sganarelle ou Scapin, la fourberie est son domaine, l'intrigue son élément, l'argent son dieu. Il est le valet, mais sans lui que serait le maître ? Il faut être Don Juan pour avoir plus d'esprit que Sganarelle, et mal en prit au beau seigneur Almaviva d'avoir voulu lutter de ruse avec son fidèle Figaro ! Dès la première pièce de Molière, c'est Mascarille qui triomphe, malgré toutes les étourderies de son jeune maître.

Un an après, en 1654, la troupe était à Béziers. On tenait les Etats du Languedoc. Le prince de Conti y était venu, et pour plaire à cette foule inaccoutumée de spectateurs, Molière donna le *Dépit amoureux*. Cet heureux nom aurait suffi peut-être pour sauver la pièce de l'oubli, mais elle contient plusieurs scènes qu'on aime à relire, même après les chefs-d'œuvre.

Quand deux amis — comme les pigeons de La Fontaine — se fâchent et se dépitent, ils éprouvent un vif chagrin, tempéré par la secrète espérance de voir le nuage se dissiper bientôt. Et en effet le premier souffle de la brise l'emporte, le ciel redevient bleu et le soleil paraît bien plus brillant après cette giboulée de mars ! — Je viens d'analyser le Dépit amoureux ; une querelle et une réconciliation, il n'en faut pas davantage pour nous intéresser pendant cinq actes. D'ailleurs la suivante, Marinette, fait pétiller toutes les scènes de sa gaîté. Il faut aussi lui souhaiter la bienvenue à cette joyeuse soubrette ! Presqu'aussi effrontée que le valet, elle est bien plus fine, — puisqu'elle est femme. Elle est vraiment, chez Molière, la reine du logis. C'est Dorine qui lance au nez de Tartuffe un étincelant éclat de rire, c'est Martine, qui seule soutient le bonhomme Chrysale contre les *Femmes savantes*, c'est Nicole qui raille si franchement les sottes prétentions du *Bourgeois Gentilhomme*, c'est Toinette qui bafoue les médecins sans parvenir à leur arracher le *Malade imaginaire* ; allons plus loin, c'est Suzanne, leur sœur, toujours riant, parlant, toujours verdissante d'entrain et de gaîté, et rusée à tromper jusqu'à Figaro ! Hélas ! Messieurs, qui nous rendra ces gais compagnons ! Ils sont partis, la comédie légère les a emportés dans son manteau ! En vain vous les chercheriez aujourd'hui sur la scène : vous n'y verrez plus des valets, mais des domestiques ; ils volent encore leurs maîtres, mais ils ne les aiment plus. Et la servante, vieille amie de la famille, elle est morte ! la femme de chambre l'a tuée ! Émile Augier, Victorien Sardou connaissent bien la société contemporaine, ils n'amènent plus dans leurs pièces ni valets ni servantes, mais bien, *des gens de maison*. Nous ne pouvions voir apparaître sur la scène Mascarille et Marinette sans leur tendre une main amie et sans leur donner un regret.

Vers le même temps nous voyons Molière à Avignon où il rencontre d'Assoucy, ce pauvre écrivain dont Boileau disait :
« Et jusqu'à d'Assoucy tout trouva des lecteurs. »
Le jeu ne lui était pas plus favorable que les muses. Dans la cité des papes, il avait perdu tout et même plus encore. Molière le recueille, l'emmène avec lui, et le poète reconnaissant déclare que jamais il ne rencontra gens meilleurs et plus dignes d'être, en réalité, les grands personnages qu'ils jouent chaque soir sur la scène. Ils vont ensemble à Pézenas où ils font un assez long séjour. Là, on montre encore aujourd'hui un grand fauteuil de bois où, dit-on, vint souvent s'asseoir Molière. Il appartenait vers 1654 à un barbier chez lequel on s'assemblait d'ordinaire pour causer. Le Contemplateur n'avait garde de manquer cette occasion d'observer les hommes dans leur plus naturelle simplicité. Le samedi jour du marché, il s'asseyait dans un coin de la boutique et restait des heures entières à écouter. N'est-ce pas là qu'il a connu les paysans dont il nous fait de si fidèles peintures? Il connaît leur langage, leurs qualités et leurs défauts, il prête l'oreille à leurs querelles de ménage, et avec quelle verve il les transporte sur la scène! Vous vous rappelez la dispute de Sganarelle avec sa femme Martine :

SGANARELLE.

..... Tu fus bien heureuse de me trouver.

MARTINE.

Qu'appelles-tu bien heureuse de te trouver? Un homme qui me réduit à l'hôpital, un débauché, un traître, qui me mange tout ce que j'ai.

— Tu en as menti, j'en bois une partie.

— Qui me vend pièce à pièce tout ce qui est dans le logis?

— C'est vivre de ménage.

— Qui m'a ôté jusqu'au lit que j'avais?

— Tu t'en lèveras plus matin.

— Enfin qui ne laisse aucun meuble dans toute la maison?

— On en déménage plus aisément.

— Et qui du matin jusqu'au soir ne fait que jouer et que boire?

— C'est pour ne me point ennuyer.

— Et que veux-tu pendant ce temps que je fasse avec ma famille?

— Tout ce qu'il te plaira.

— J'ai quatre pauvres petits enfants sur les bras.

— Mets-les par terre.

— Qui me demandent à toute heure du pain.

— Donne-leur le fouet. Quand j'ai bien bu et bien mangé, je veux que tout le monde soit soûl dans ma maison.

(Le Médecin malgré lui, acte i, sc. i.)

Puis les coups arrivent. Un voisin s'interpose, les deux époux tournent leur colère contre lui ; il s'en va battu et pas content.

C'est à Pézenas, je m'assure, que Molière a connu le ménage de Sganarelle et nos bons villageois.

De 1655 à 1657, on perd sa trace. On sait pourtant qu'il fut mal accueilli par les Limousins dont *M. de Pourceaugnac* devait le venger. Vers la même époque, il s'arrêta à Narbonne et écrivit plusieurs farces qui malheureusement sont presque toutes perdues.

Ainsi : les *Trois docteurs rivaux*, le *Maître d'école*, le *Docteur amoureux*, le *Grand benêt de fils aussi sot que son père*. Ce grand benêt reparaîtra plus tard sous le nom de Thomas Diafoirus pour débiter la fameuse déclaration :

Mademoiselle, ne plus ne moins que la statue de Memnon rendait un son harmonieux lorsqu'elle venait à être éclairée des rayons du soleil, tout de même me sens-je animé d'un doux transport à l'apparition du soleil de vos beautés, et comme les naturalistes remarquent que la fleur nommée héliotrope tourne sans cesse vers cet astre du jour, aussi mon cœur dores-en-avant tournera-t-il toujours vers les astres resplendissants de vos yeux adorables, ainsi que vers son pôle unique. Souffrez donc, Mademoiselle, que j'appende aujourd'hui à l'autel de vos charmes l'offrande de ce cœur qui ne respire et n'ambitionne autre gloire que d'être toute sa vie, Mademoiselle,

Votre très humble, très obéissant
et très fidèle serviteur et mari !

(Le Malade imaginaire, acte ii, scène vi.)

Deux de ces farces nous sont restées, l'une est la *Jalousie du Barbouillé*, l'autre le *Médecin volant*. Celles-là sont bien de l'invention de Molière. L'*Étourdi* et le *Dépit amoureux* avaient été empruntées au théâtre italien. On imitait alors l'Italie et l'Espagne comme on fait aujourd'hui l'Allemagne et l'Angleterre. L'Italie a toujours été le pays des comédies comme l'Espagne le pays des tragédies. Les révolutions mêmes qui commencent là comme des comédies y finissent comme des tragédies. La *Jalousie du Barbouillé* et le *Médecin volant* sont des pièces bien françaises ; Molière les reprit à Paris, l'une devint *Georges Dandin*, le pauvre homme de campagne qui a la sotte idée d'épouser une demoiselle de qualité, et expie si chèrement sa vanité ; l'autre, le *Médecin malgré lui,* l'une des nombreuses pièces que Molière dirigea contre les médecins de son temps. Il faut avouer qu'ils le méritaient bien. Ignorants comme des maîtres d'école, ils étaient plus pédants que des professeurs. Affublés d'une robe et d'un bonnet, la mine grave, la démarche pesante, ils allaient par les villes, saignant ici, purgeant là, et, comme Attila roi des Huns, semant partout le trépas. Ce n'est pas eux qui, comme nos docteurs d'aujourd'hui, étaient à la piste des découvertes nouvelles ! Un candidat ayant osé soutenir une thèse qui n'était pas dans Aristote, le parlement défendit par décret authentique qu'une pareille tentative se renouvelât. Le *Malade imaginaire* résumait toute la science médicale du temps lorsqu'il voulait pour guérir toutes les maladies, *seignare, purgare, et ensuita...* ma foi, le latin même ne brave pas l'honnêteté, quand il est si transparent.

Sganarelle donne une consultation. Une jeune fille veut passer pour muette et vous en savez la raison. Son père ne comprend rien à cette subite infirmité. Sganarelle lui fournit une explication éclatante de lucidité.

Or, ces vapeurs dont je vous parle venant à passer du côté gauche, où est le foie, au côté droit, où est le cœur, il se trouve que le poumon que nous appelons en latin *armyan*, ayant communication avec le cerveau, que nous nommons en grec *nasmus*, par le moyen de la veine cave, que nous appelons en hébreu *cubile*, rencontre en son chemin lesdites vapeurs qui remplissent les ventricules de l'omoplate, et parce que lesdites vapeurs... comprenez bien ce raisonnement, je vous prie... et parce que lesdites vapeurs ont une certaine malignité... écoutez bien ceci, je vous conjure...

GÉRONTE.

Oui.

— Ont une certaine malignité qui est causée... soyez attentif, s'il vous plaît.

— Je le suis.

— Qui est causée par l'âcreté des humeurs engendrées dans la concavité du diaphragme, il arrive que ces vapeurs..... ossabandus, nequeis, nequer, potarinum quipsa milus... et voilà justement pourquoi votre fille est muette.

(Le Médecin malgré lui, acte ii, scène vi.)

Nous sommes bien loin, vous le voyez, des Robin, des Littré, des Claude Bernard.

On a prétendu que les médecins tenant rigueur à Molière avaient refusé de le soigner ; c'est une pure calomnie. Les médecins ont pu être ignorants — il y a deux cents ans — mais ils ont toujours été gens d'esprit. Molière était intimement lié avec l'un d'eux, nommé Mauvillain. On lui disait : « Vous avez donc confiance en lui? Certes oui, répondit-il avec son bon sourire, il vient me voir, nous causons ; il m'ordonne des remèdes, je ne les prends pas et je guéris. »

Molière fit donc applaudir en province la *Jalousie du Barbouillé* et le *Médecin volant*. En 1657, à Avignon, il rencontra le peintre Mignard : ils devinrent illustres sans cesser d'être amis ; Mignard fit un admirable portrait du comique, et celui-ci célébra les œuvres du peintre dans un poème intitulé *la Gloire du Val-de-Grâce*. D'Avignon il va passer le carnaval à Grenoble. Puis nous le retrouvons au nord de la Loire, à Rouen et à Nantes où on le traite comme un empereur : une plaque de marbre illustre encore maintenant la maison dans laquelle il s'est arrêté.

Honneur tardif! En 1658 il avait recueilli de toutes ces courses moins de gloire que de fatigues. Songez qu'il n'avait pas seulement des pièces à faire, des rôles à créer, une troupe à diriger. Les comédiens alors ne trouvaient point les théâtres organisés avec leurs décors, leurs musiciens et leurs machinistes. Eux-mêmes peignaient leurs toiles, installaient leurs décors. Hélas! Hélas! ils descendaient jusqu'à moucher leurs chandelles. Scarron nous parle d'une malheureuse actrice, si maigre, si maigre qu'elle n'avait jamais pu moucher une chandelle avec ses doigts sans que le feu n'y prît aussitôt comme à des fétus de paille. L'avouerai-je, j'ai quelquefois pensé à Molière et à ses comédies en applaudissant aux perpétuels et naïfs efforts de cette valeureuse Troupe Nantaise qui, tous les soirs, jette si crânement ses mélodrames à tous les échos de la Brèche. Sur la scène des personnages de cape et d'épée : le manteau troué de D. César de Bazan, la rapière de Buridan, l'hermine de Marguerite de Bourgogne ; au cinquième acte le châtiment du traître, qui ne manque jamais d'être occis, aux bravos frénétiques d'une foule enthousiaste. Mais c'est l'entracte qui rappelle le mieux les fatigues de Molière en province. Parfois un coin du rideau se soulève et alors on aperçoit un étrange spectacle : Richelieu porte des bancs sur son épaule ; Anne d'Autriche allume un lampion, Buckingham reçoit les billets à la porte, cependant que le Dauphin de France vend des oranges dans la salle. Et qu'on aille dire après cela que nous sommes dénués d'imagination ! Molière n'avait pas avec lui un appareil plus compliqué. Que dis-je, il n'avait pas même de pénates errantes. Il jouait aujourd'hui dans une grange, demain dans une chambre d'auberge. S'il avait possédé une belle tente de toile imperméable, qui sait, il serait peut-être resté en province et n'aurait jamais dîné avec Louis XIV ?

Malgré tout, sa réputation avait été jusqu'à Paris. Le prince de Conti l'y appelait sans cesse. Le 24 octobre 1658, il joua Nicomède, sur un théâtre dressé exprès au vieux Louvre. Après la tragédie, il demanda la permission de jouer une pièce de sa composition. Pour le dire en passant, c'est depuis ce jour que l'usage s'établit de jouer un vaudeville après le drame. Le divertissement plut au roi. Il fut décidé que Molière resterait à Paris. Ses comédiens prirent le nom de troupe de Monsieur, et jouèrent alternativement avec les Italiens sur le théâtre du Petit-Bourbon. Depuis lors il ne retourna plus en province, sinon pour suivre la cour. Il avait alors trente-six ans, et un contemporain a laissé de lui ce portrait :

Il n'était ni trop gros, ni trop maigre ; il avait la taille plus grande que petite, le port noble, la jambe belle ; il marchait gravement, avait l'air très-sérieux, le nez gros, la bouche grande, les lèvres épaisses, le teint brun, les sourcils noirs et forts, et les divers mouvements qu'il leur donnait lui rendaient la physionomie extrêmement comique. A l'égard de son caractère, il était doux, complaisant, généreux; il aimait fort à haranguer; et quand il lisait ses pièces aux comédiens il voulait qu'ils y amenassent leurs enfants pour tirer des conjectures de leurs mouvements naturels (1).

Bien qu'installé à Paris, Molière n'avait pas fini d'exploiter la province, il en avait rapporté quelques types destinés à faire rire la capitale. En province il s'était moqué des Parisiens, à Paris il se moqua des provinciaux. Que voulez-vous, la France sera toujours ainsi, divisée en deux partis qui passent le temps à se moquer l'un de l'autre! Il livra donc au ridicule les Précieuses et les Hobereaux.

Tout le monde sait qu'à l'hôtel de Rambouillet s'était formé un cercle de beaux-esprits, dont la marquise était l'étoile et Voiture le favori. Le malheur est que ce salon fit des imitateurs. La province même lut *le Grand Cyrus,* roman de Mlle de Scu-déry, qui mit à la mode l'affectation et la recherche. On ne vit plus que précieux et précieuses. Molière nous dit ce qu'il fallait pour être Prĕcieuse: d'abord avoir un beau nom antique, ainsi Cathos et Madelon veulent désormais s'appeler Aminte et Po-lyxène; puis parler un jargon dont Saumaise a dressé le voca-bulaire. — Ne dites pas des fauteuils, mais *les commodités de la conversation*; un fiancé, mais *un mourant.* M. de Montausier, fut pendant quinze ans le mourant de Julie d'Angennes. — Ne dites pas, je le nie, mais je *m'inscris en faux;* j'en réponds, mais *je me porte caution bourgeoise.* En un mot évitez tout ce qui est naturel. Si vous êtes provinciale, courez vite à Paris, et là cherchez à fréquenter les beaux-esprits. Cathos et Madelon repoussent durement leurs prétendus, La Grange et Du Croisy: ce sont gens trop simples pour elles! Ceux-ci veulent se venger et font prendre leurs costumes à des valets, qui se donnant pour les modèles du bon ton sont merveilleusement accueillis par les Précieuses. Dès son entrée, Mascarille est charmant

______

(1) Cité par Voltaire, *Vie de Molière.*

d'outrecuidance et de fatuité : « Voudriez-vous pas, faquins, que j'exposasse l'embonpoint de mes plumes aux intempéries de la saison pluvieuse ! » Ce ton superbe fait la joie des Précieuses. Mascarille y met le comble en récitant un impromptu : « Vous verrez, dit-il, courir de moi dans Paris, deux cents chansons, autant de sonnets, quatre cents épigrammes et plus de mille madrigaux, sans compter les énigmes et les portraits.» Puis il se pique de coquetterie dans ses ajustements. Il faut examiner un à un tous les détails de sa toilette : les précieuses ne trouvent plus d'adverbes assez longs pour exprimer leur admiration. L'affectation dans l'esprit se traduit presque toujours par l'affectation dans les habits : c'est la spirituelle caricature des gandins du temps. Enfin Jodelet arrive, on se complimente, on raconte ses exploits : « Nous avons pris une demi-lune — C'était bien une lune tout entière ! » On chante et l'on va danser quand les maîtres arrivent et rossent leurs valets, à la grande confusion des Précieuses. La leçon était rude, elle ne les guérit pas cependant, puisque Molière revint de nouveau à l'attaque dans les *Femmes savantes*. Là, Mascarille est devenu Trissotin, et nous voyons la Précieuse, lancée dans la vie. — Jeune fille, c'est *Armande,* qui ne veut épouser que la philosophie. Prenez-la au mot, dans deux ans elle sera Bélise, la vieille demoiselle, qui prend pour elle tous les soupirs et n'a que la grammaire à défendre ; vaudrait-il mieux se marier pour devenir Philaminte, faire enrager le bonhomme Chrysale et regarder la lune tandis que le désordre et la ruine menacent la maison ? Le tableau serait trop sombre si la charmante Henriette ne venait y jeter un gai rayon de lumière. C'est la bonne fée du logis, l'enfant gâtée de Molière. Tous les grands poètes ont ainsi adoré les filles chéries de leur imagination. Pour Dante, c'est Béatrix ; pour Shakespeare, Ophélie, Desdemona, Juliette surtout, si naïvement passionnée ; pour Corneille, c'est Pauline ; pour Racine, Esther, Monime, Junie ; pour Molière c'est Henriette, la grâce et l'esprit avec le naturel et le bon sens. Le croiriez-vous, Henriette fit la conquête du doux Fénelon : dans son traité de l'*Education des Filles,* il semble l'avoir prise pour modèle. Il rêvait avec Molière le projet que les cours récemment institués cherchent à réaliser ; ils avaient tous deux compris que le plus sûr moyen de faire disparaître les femmes savantes, c'est de préparer des femmes instruites.

Avec l'image des Précieuses, Molière avait rapporté de ses voyages le type du hobereau campagnard. Ne pensez pas qu'il ait voulu railler la vraie noblesse de province, personne n'aurait consenti à en rire avec lui.

Cette noblesse héroïque entourait Henri IV et aimait Agrippa d'Aubigné. Quand il fallut pour rester à la cour, endosser la livrée de Louis XIV, elle se retira fièrement dans ses châteaux. Elle reparut aux jours d'épreuves, pour supporter avec courage l'exil et la persécution. Mais au-dessous, bien au-dessous de cette vraie noblesse, il y avait — dans ce temps là — les faux gentilshommes, de prétendus nobles, frais éclos, venus on ne sait d'où, anoblis on ne sait par qui, sinon par eux-mêmes. Les Mémoires en font foi et la méthode est ancienne : une apostrophe ingénieusement ajoutée, deux syllabes soudainement séparées, et voilà des vicomtes, des marquis, voire même des barons ! On devine qu'il se produisait ainsi les noms les plus amusants ; simples roturiers, on ne les eût pas remarqués, leur faux air de noblesse les désignait plus clairement au ridicule. C'est le premier trait que Molière lance à M. de Pourceaugnac.

NÉRINE.

Le seul nom de M. de Pourceaugnac m'a mise dans une colère effroyable. J'enrage de M. de Pourceaugnac. Quand il n'y aurait que ce nom là, M. de Pourceaugnac, j'y brûlerai mes livres ou je romprai ce mariage et vous ne serez point Mme de Pourceaugnac. Pourceaugnac ! cela se peut-il souffrir ? Non. Pourceaugnac est une chose que je ne saurais supporter et nous lui jouerons tant de pièces, nous lui ferons tant de niches sur niches que nous renvoierons à Limoges M. de Pourceaugnac !

(acte 1er, scène III.)

Cependant notre hobereau n'est pas décontenancé ; débarqué de Limoges, il se voit déjà reçu au Louvre et compte y produire un grand effet. Là-bas, il exerce la charge d'avocat, car il n'est pas plus riche que noble, mais à Paris il nie fièrement sa condition. Un Pourceaugnac travailler ! Fi donc ! Il sait le droit, mais il le sait de naissance. « Les gens de qualité, dit Mascarille, savent tout sans avoir jamais rien appris. »

Il tremble toujours qu'on ne prenne pas sa noblesse au sérieux. Incapable et sot, il ne compte que sur son titre pour faire un beau mariage. Même alors, on demandait davantage. Le pauvre homme ne réussit qu'à se faire berner par de mauvais plaisants et se sauve à Limoges.

La comtesse d'Escarbagnas est plus noble encore que M. de Pourceaugnac. Son mari avait meute de chiens courants, il habitait la campagne, et elle repousse bien loin les prétentions d'un vicomte de province. Elle est deux fois allée à Paris, et depuis elle ne peut souffrir les petites gens d'Angoulême. Ils ne savent point vivre, ils ne se rendent pas à sa qualité. D'ailleurs elle est insolente avec les domestiques, comme tous les gens nés pour servir plutôt que pour commander, elle les appelle *grosse bête, oison bridé, tête de bœuf!* Elle ne consent à s'humaniser qu'en faveur de deux personnages, M. Tibaudier, magistrat à bonnes fortunes, galant suranné dont le sourire est une grimace, et M. Harpin, le receveur des tailles, type du financier égoïste, ancêtre du Turcaret de Lesage et du Mercadet de Balzac. Raillée des bourgeois et malmenée du financier, la superbe comtesse est à la fin tout heureuse et tout aise d'épouser son voisin Tibaudier.

Grâce à Dieu, ces originaux ont disparu de notre scène et nous leur souhaitons bon voyage. On comprend mieux aujourd'hui le bel adage : « Noblesse oblige. »

Oui, noblesse oblige à l'honneur, à l'activité, au travail. Aussi trouvons-nous de beaux noms à l'Académie, à l'Institut, dans l'industrie, le commerce, les administrations, partout où il y a des services à rendre et des postes honorables à remplir. Mais M. de Pourceaugnac et la comtesse d'Escarbagnas ont émigré pour ne plus revenir. Que si, par aventure, dans quelque coin de la France, leurs descendants existent, confinés dans une maison bourgeoise qu'ils décorent du nom d'hôtel, moqués par un cocher et une cuisinière qu'ils appellent leurs gens, escortés de trois maigres chiens qu'ils prennent pour une meute, Messieurs, que nous importe? Sottise, ignorance et paresse, ce seraient des titres bien inoffensifs ! Si après deux siècles de progrès, des Pourceaugnacs attardés devaient encore s'appliquer la définition de La Bruyère :

Le noble de province inutile à sa patrie, à sa famille et à lui-même, souvent sans toit, sans habit et sans aucun mérite, répète dix fois le jour qu'il est gentilhomme !

En vérité, nous pourrions en parler à notre aise. Ces gens-là ne seraient pas nos contemporains. En cherchant bien, vous trouveriez leurs noms dans les dictionnaires généalogiques..... peut-être ; dans le dictionnaire des contemporains, jamais !

Molière ne dirigea guère d'autres critiques contre la province ; il l'avait vue de trop près pour ne pas l'estimer. Il tourna toute sa verve contre les défauts et les vices communs à tous les hommes. De 1659 à 1673 se succèdent *Tartuffe, le Misanthrope, l'Avare, le Malade imaginaire*, tous ces chefs-d'œuvre dont chacun ferait bien aisément à lui seul le sujet d'un entretien. Et après tant de créations, son génie était loin d'être épuisé. J'en crois ses propres paroles :

Crois-tu qu'il ait épuisé dans ses comédies tout le ridicule des hommes ? Eh ! sans sortir de la cour, n'a-t-il pas encore vingt caractères de gens où il n'a point touché ? N'a-t-il pas par exemple ceux qui se font les plus grandes amitiés du monde, et qui, le dos tourné, font galanterie de se déchirer l'un l'autre ? N'a-t-il pas ces adulateurs à outrance, ces flatteurs insipides qui n'assaisonnent d'aucun sel les louanges qu'ils donnent, et dont toutes les flatteries ont une douceur fade qui fait mal au cœur à ceux qui les écoutent ? N'a-t-il pas ces lâches courtisans de la faveur, ces perfides adorateurs de la fortune, qui vous encensent dans la prospérité et vous accablent dans la disgrâce ? N'a-t-il pas ceux qui sont toujours mécontents de la cour, ces suivants inutiles, ces incommodes assidus, ces gens, dis-je, qui pour services ne peuvent compter que des importunités et qui veulent qu'on les récompense d'avoir obsédé le prince dix ans durant ? N'a-t-il pas ceux qui caressent également tout le monde, qui promènent leurs civilités à droite et à gauche et courent à tous ceux qu'ils voient avec les mêmes embrassades et les mêmes protestations d'amitié ? Va, va, marquis, Molière aura toujours plus de sujets qu'il n'en voudra, et tout ce qu'il a touché jusqu'ici n'est rien que bagatelle au prix de ce qui reste.

(Impromptu de Versailles, sc. iii.)

Vous savez comment la mort vint l'interrompre et à tous ses chagrins ajouter cette suprême douleur de partir en laissant son œuvre inachevée.

Je ne veux point cependant quitter cet écrivain, qui fera éternellement rire les hommes, en laissant croire qu'il ne goûta jamais aucun plaisir.

Lui aussi eut de bons et fidèles amis sans compter La Fontaine : sa vieille servante Laforêt, qu'il consultait pour ses pièces les plus divertissantes; Ninon de Lenclos, qui eut toujours la primeur de ses hautes comédies ; le prince de Conti, dont l'affection le suivit depuis le collége, et Boileau qui répondait à Louis XIV : « L'homme qui fera le plus d'honneur à votre siècle, Sire, c'est Molière. »

Par-dessus tout, Molière connut ces joies intimes du poète qui vient de créer un chef-d'œuvre; joies si intenses que tant de grands artistes ont été tristes, parce qu'après les avoir goûtées, ils ne trouvaient plus dans la vie que misères et vulgarités. Ces joies-là, l'ignorant ne les soupçonne pas, le sot les dédaigne ou les nie; elles existent pourtant, et il faut qu'elles soient infinies puisque nous pouvons, nous chétifs, les apercevoir de bien loin, à force d'étudier ces grands écrivains, avec un esprit sincère et une âme reconnaissante. Messieurs, c'est le privilége du génie de produire ainsi la joie et l'apaisement. C'est pour cela qu'on l'adore, c'est pour cela que lorsqu'elle voit coup sur coup disparaître un musicien comme Rossini, un orateur comme Berryer, un poète comme Lamartine, la France entière prend le deuil et se demande qui remplacera ces dieux tombés !

Ils sont rares les noms qu'un siècle peut annoncer à l'autre.

Quand une génération, pleine de jeunesse et pleine de force, s'élance vers l'avenir, c'est comme une volée d'oiseaux qui s'élance dans le ciel ; l'air s'emplit d'un bruissement d'ailes et de cris joyeux ; il semble que tous vont atteindre la nue ; mais déjà des groupes se détachent et redescendent fatigués vers la terre, d'autres s'arrêtent au premier fleuve, aux premiers ombrages ; enfin deux ou trois à peine restent à planer d'un vol puissant près des voûtes éternelles. Tels, et aussi loin des misères terrestres, planent désormais La Fontaine et Molière, qui, suivant l'admirable expression de Lamartine :

> Sur l'aile du génie
> Montent d'un vol égal à l'immortalité.

Léon ROBERT.

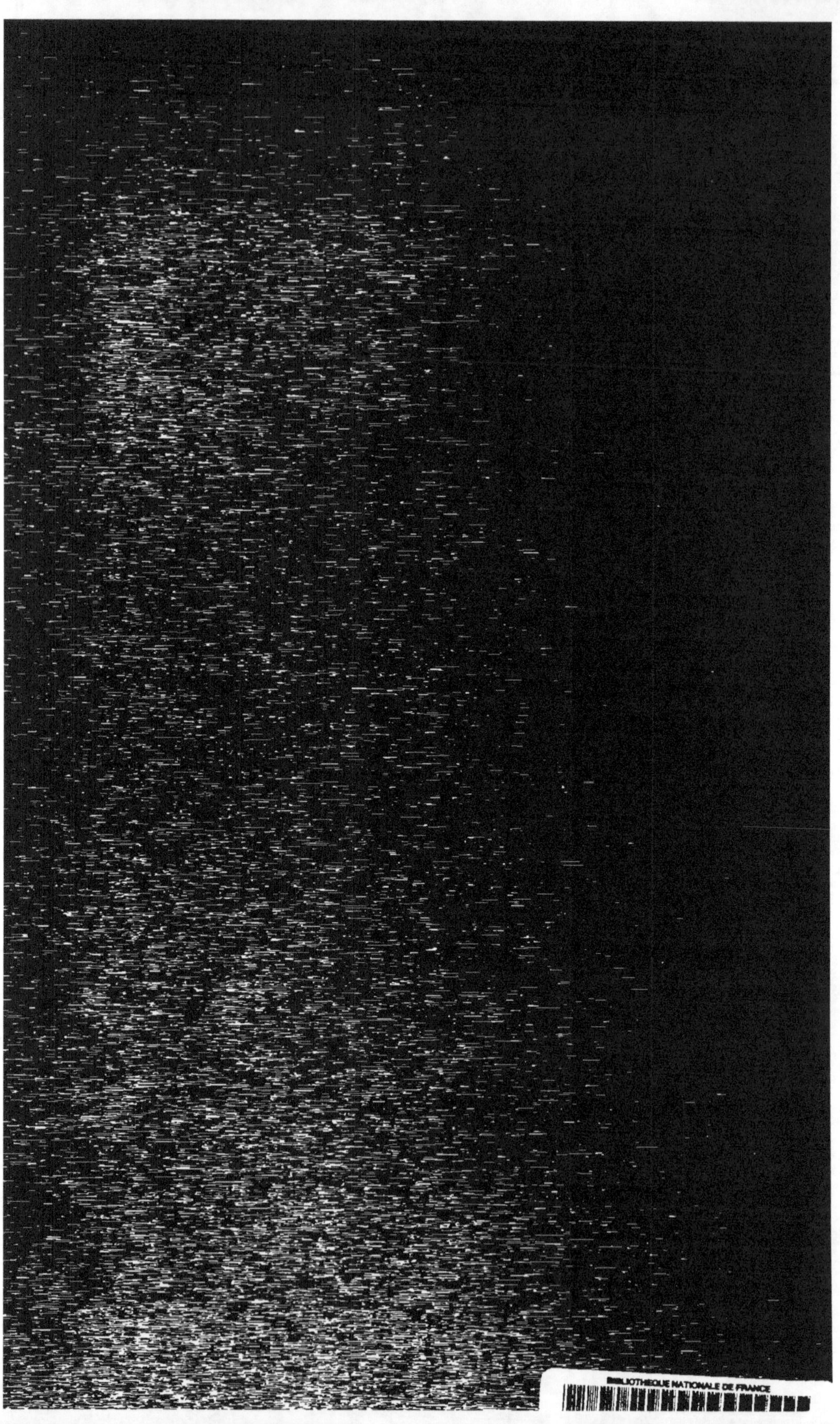